Rubén Fresneda

ALFANUMERICS
DOSSIER DE OBRA

Rubén Fresneda

ALFANUMERICS

DOSSIER DE OBRA

Alfanumerics
o la deconstrucción del yo por medio administrativo

Mareo, repetición, confusión. Éstos, son los calificativos con los que golpea *Alfanumerics* a todo aquel que vea este proyecto. Mareo, repetición y confusión son paralelamente las sensaciones producidas cuando tenemos que cumplimentar cualquier formulario administrativo.

A través del acto de ese procedimiento administrativo estamos realizamos de forma inconsciente, un acto paradójicamente retórico, la metonimia; la sustitución de una cosa por otra. Nuestro yo por datos, estableciendo así una relación metonímico-administrativa sustitutiva.

En términos psicológicos, construimos nuestro yo, nuestra identidad, mediante varios factores como: el ambiente, la experiencia, las relaciones, la edad, crisis emocionales y la propia historia, principalmente. La construcción del yo es un proceso vital que se inicia desde el momento en que somos expulsados del útero hasta que perdemos esos 21 gramos.

La sociedad humana, compuesta por millones de individuos, todos con una identidad propia, se encuentran abreviados por algo que la misma sociedad ha creado, la Administración (tanto pública como privada). Un ente que nos resume, nos deshumaniza y nos convierte y asigna toda una serie de códigos numéricos y alfanuméricos asociados a nuestra persona. La humanidad ha creado su antítesis, la deshumanización.

Nuestra época es la era dorada de los *alfanumerics* (nosotros). No hay más que coger la cartera y ver todas esas tarjetas repletas de cifras y letras a las cuales estamos supuestamente asociados. Nuestra vida se resume del 0 al 9, y para aquellos que viven totalmente inmersos sin ser conscientes de ello, se resumen en un simple código binario. Del 0 al 1.

Tal es ya esa inmersión en la deshumanizadora sociedad alfanumérica que en los últimos años se ha producido una nueva tipología de delito: la suplantación de identidad. No hay que parecerse a la persona a la que suplantas, no hace falta ni siquiera ser del mismo género. No hay por qué conocer a la víctima. Un individuo puede hacerse pasar por otro mediante la apropiación de la identidad administrativa.

Alfanumerics es mareante, repetitivo, incluso llega a ser confuso. Todo parece igual, resulta imposible encontrarnos. Esa cascada de números y letras nos marea e incomoda. Para unos, es una crítica ante esta situación del individuo solo frente a los gigantes administrativos, una muestra del hartazgo del negro (tinta) sobre blanco (papel). Para otros, los que ya viven inmersos, no es más que una oda a este tiempo que nos ha tocado vivir. ¿Con qué se queda usted?.

Rubén Fresneda
Pintor y escritor

Alfanumerics
o la deconstrucció del jo per mitjà administratiu

Mareig, repetició, confusió. Aquests, són els qualificatius amb què colpeja Alfanumerics a tot aquell que es trobe amb aquest projecte. Mareig, repetició i confusió són paral·lelament les sensacions produïdes quan hem d'omplir qualsevol formulari administratiu.

A través de l'acte d'aquest procediment administratiu estem realitzem de forma inconscient, un acte paradòjicament retòric, la metonímia; la substitució d'una cosa per una altra. El nostre jo per dades, establint així una relació metonímic-administrativa substitutiva.

En termes psicològics, construïm el nostre jo, la notra identitat, mitjançant diversos factors com: l'ambient, l'experiència, les relacions, l'edat, crisis emocionals i la pròpia història, principalment. La construcció del jo és un procés vital que s'inicia des del moment en què som expulsats de l'úter fins que perdem aquests 21 grams.

La societat humana, composta per milions de individus, tots amb una identitat pròpia, es troben abreujats per una cosa que la mateixa societat ha creat, l'Administració (tant pública com privada). Un ens que ens resumeix, ens deshumanitza i ens converteix i assigna tot un seguit de codis numèrics i alfanumèrics associats a la nostra persona. La humanitat ha creat la seva antítesi, la deshumanització.

La nostra època és l'era daurada dels alfanumèrics (nosaltres). Només cal agafar la cartera i veure totes aquestes targetes plenes de xifres i lletres a les quals estem suposadament associats. La nostra vida es resumeix del 0 al 9, i per a aquells que viuen totalment immersos sense ser-ne conscients, es resumeixen en un simple codi binari. Del 0 a l'1.

Tal és ja aquesta immersió en la deshumanitzadora societat alfanumèrica que en els últims anys s'ha produït una nova tipologia de delicte: la suplantació d'identitat. No cal semblar-se a la persona a qui suplantes, no cal ni tan sols ser del mateix gènere. No hi ha per què conèixer la víctima. Un individu pot fer-se passar per un altre mitjançant l'apropiació de la identitat administrativa.

Alfanumèrics és marejador, repetitiu, fins i tot arriba a ser confús. Tot sembla igual, resulta impossible trobar-nos. Aquesta cascada de números i lletres ens mareja i incomoda. Per a uns, és una crítica davant aquesta situació on l'individu sol es troba davant dels gegants administratius, una mostra del cansament del negre (tinta) sobre blanc (paper). Per a altres, els que ja viuen immersos, només és que una oda a aquest temps que ens ha tocat viure. Amb què es queda vostè?.

Rubén Fresneda
Pintor i escriptor

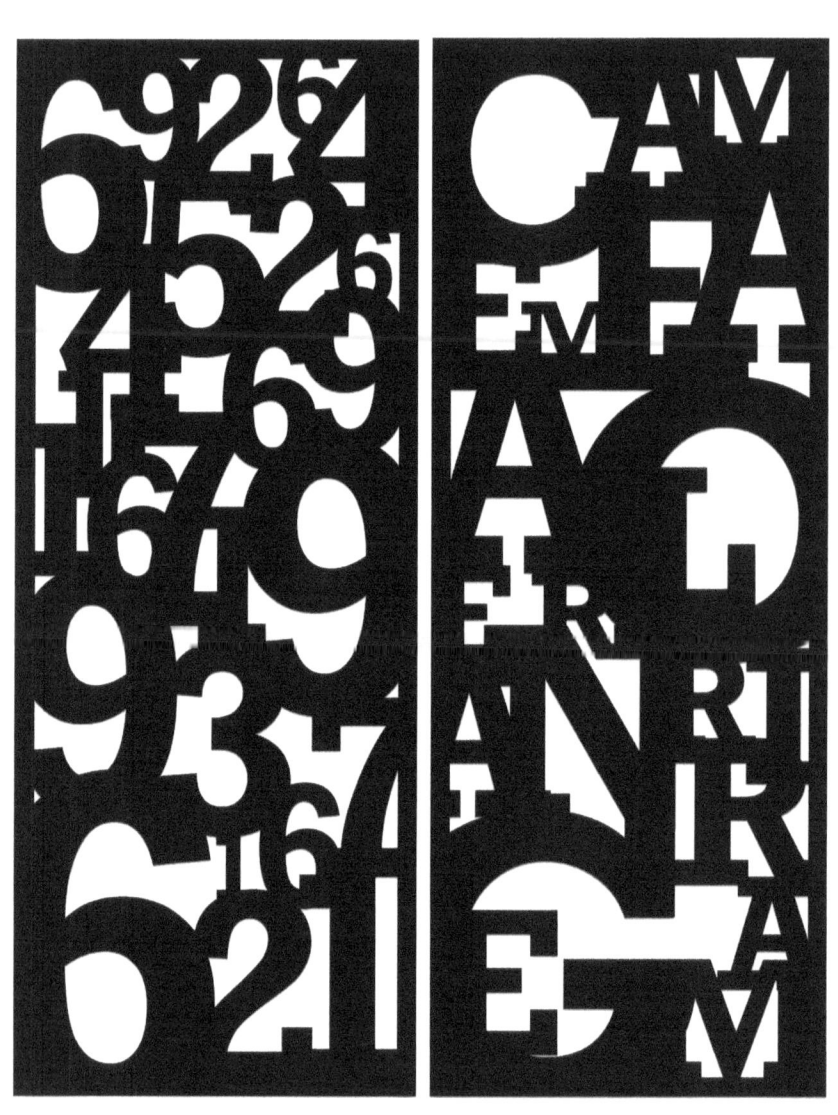

Elena Emma Romera García
Acrílico sobre tabla. 39x15cm (cada pieza) 2013

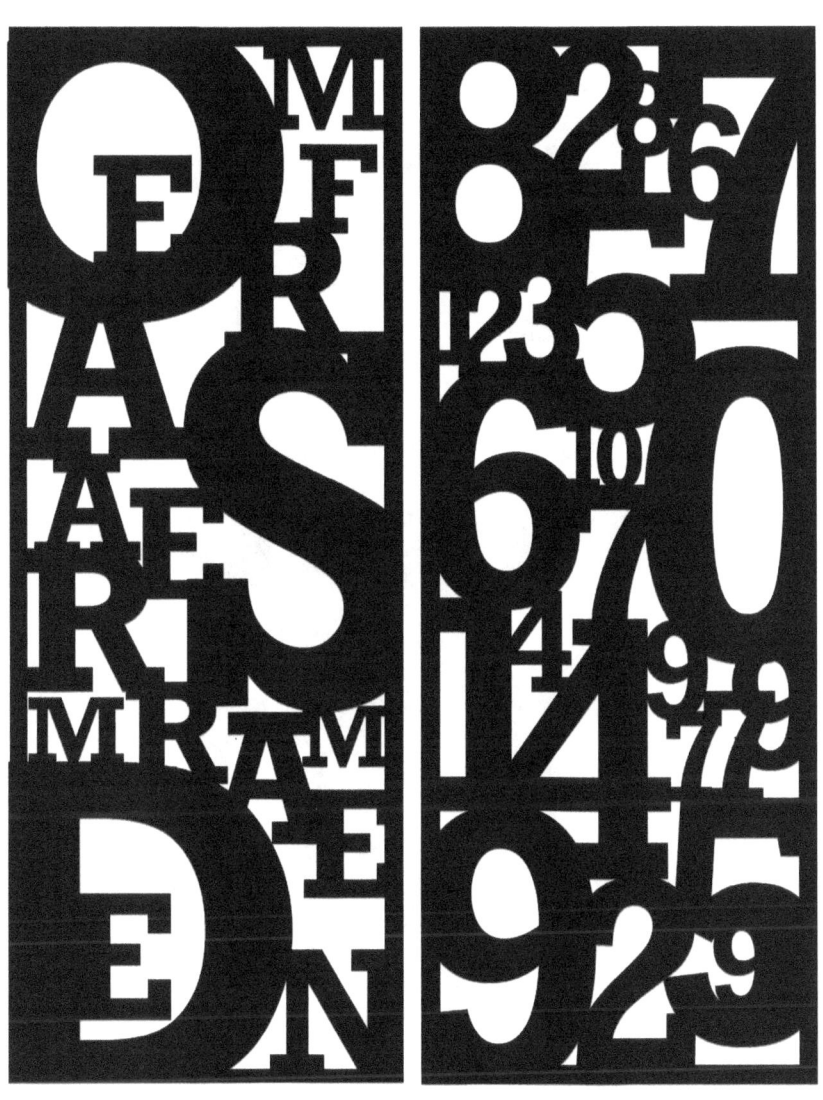

Emma Fresneda Romera
Acrílico sobre tabla. 39x15cm (cada pieza) 2013-2014

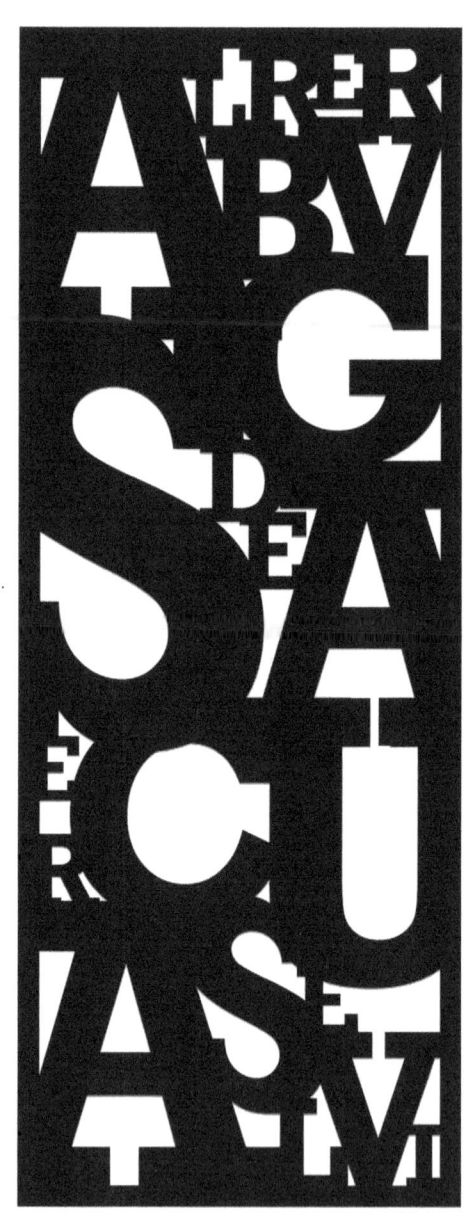

Carles Vilaverde Bargues
Acrílico sobre tabla. 39x15cm 2013
Colección Carles Vilaverde Bargues, Valencia

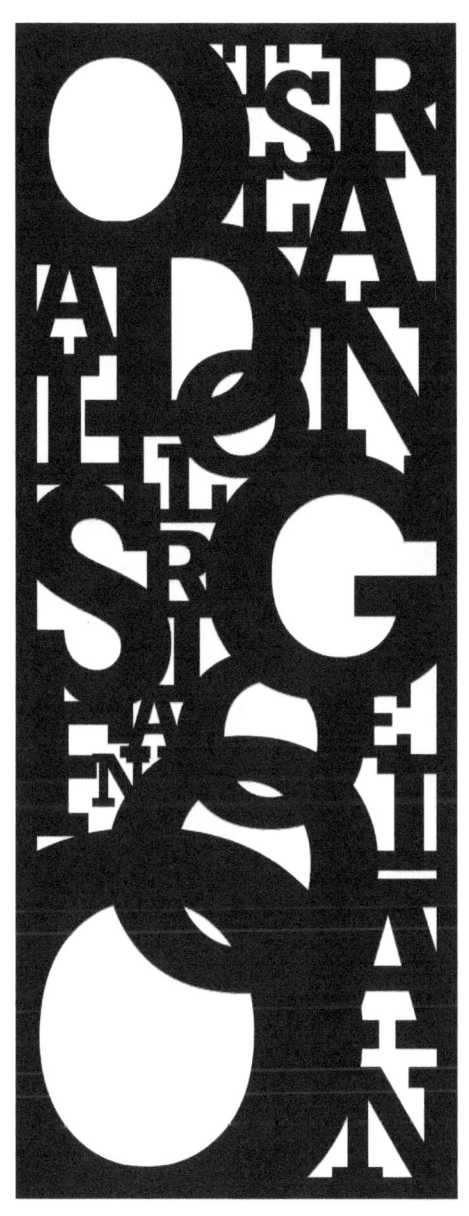

Rafael Antonio Gordillo Santos
Acrílico sobre tabla. 39x15cm 2014
Colección Rafa Gordillo, Alcoy

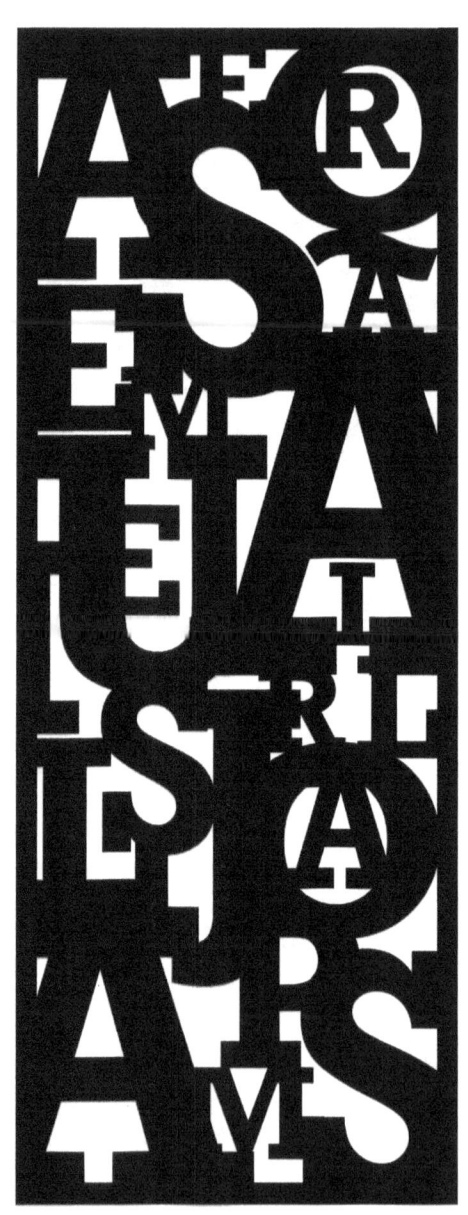

María José Pallarés Maiques
Acrílico sobre tabla. 39x15cm 2012
Colección Majo Pallarés, Alcoy

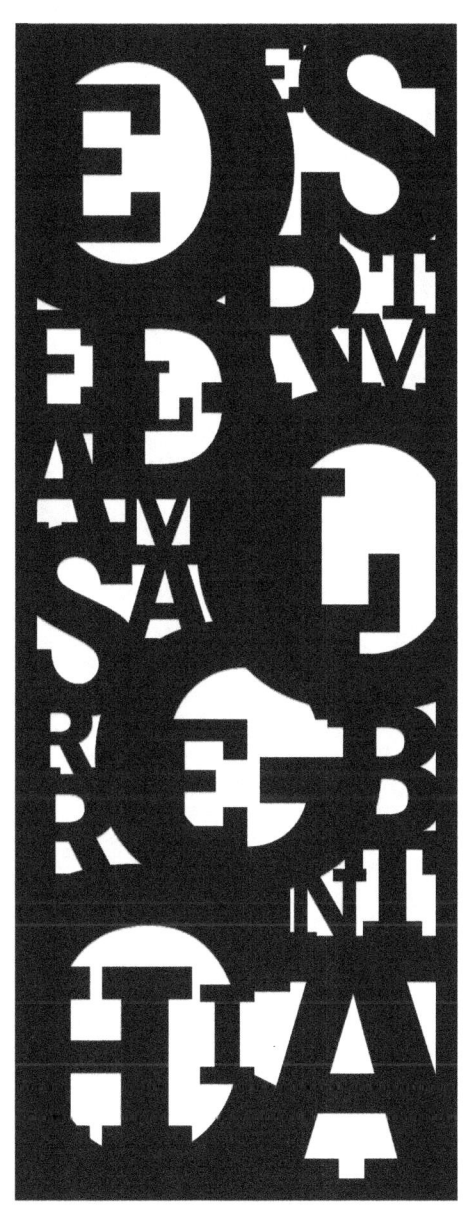

Marta Rosella Gisbert Doménech
Acrílico sobre tabla. 39x15cm 2014
Colección Marta Rosella Gisbert Doménech, Alcoy

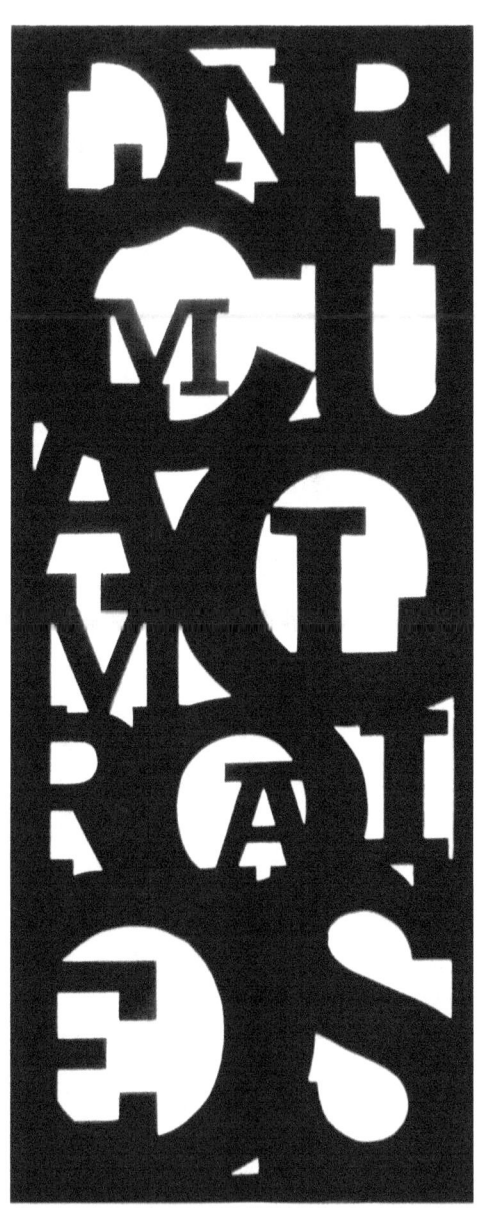

Mauro Colomina Soler
Acrílico sobre tabla. 39x15cm 2013
Colección Mauro Colomina Soler, Alcoy

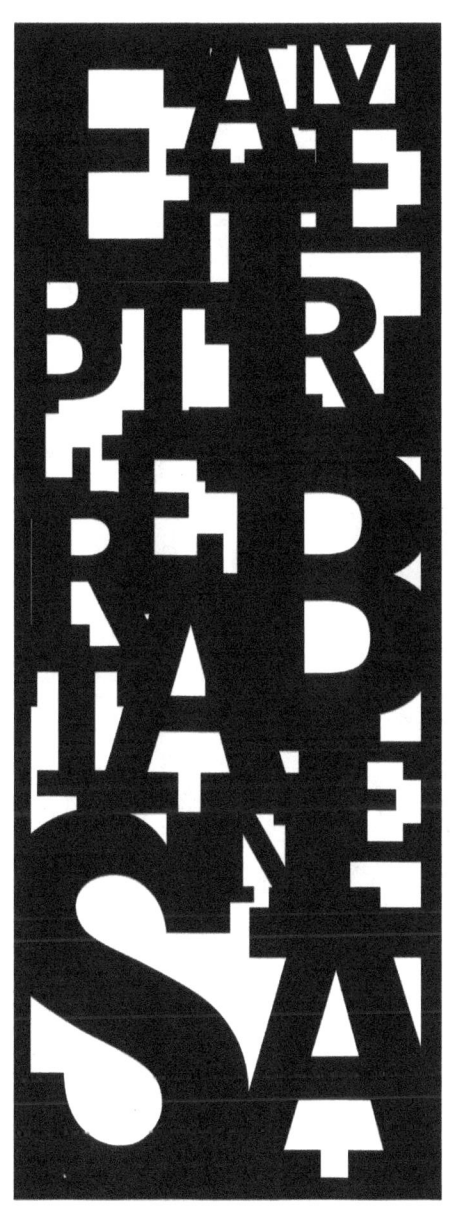

María Benet Ballester
Acrílico sobre tabla. 39x15cm 2013
Colección María Benet Ballester, Benetússer

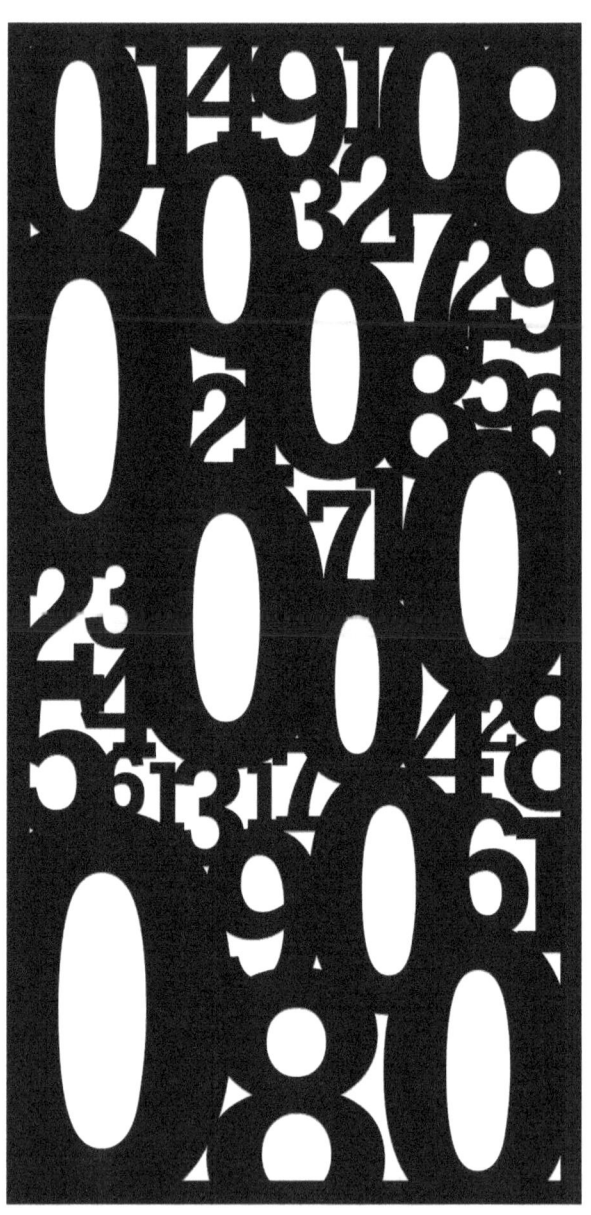

Autorretrato
Acrílico sobre tabla. 100x50cm, 2013
Colección Ayuntamiento de Muro de Alcoy

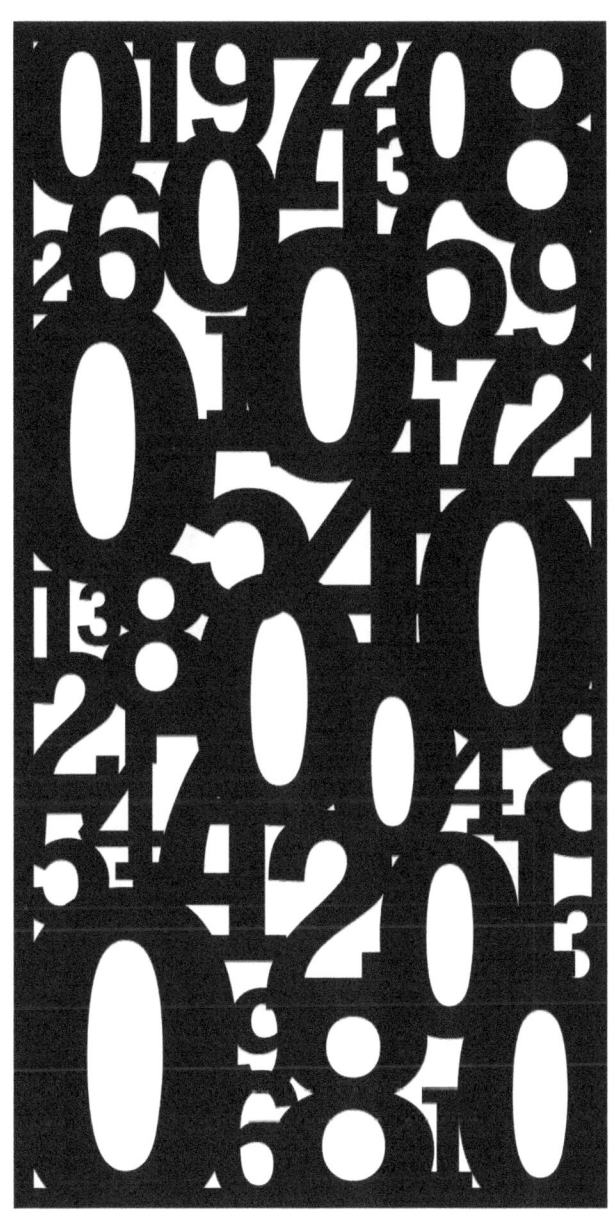

Autorretrato
Acrílico sobre tabla. 120x60cm, 2013
Colección Diego Martínez, Benidorm

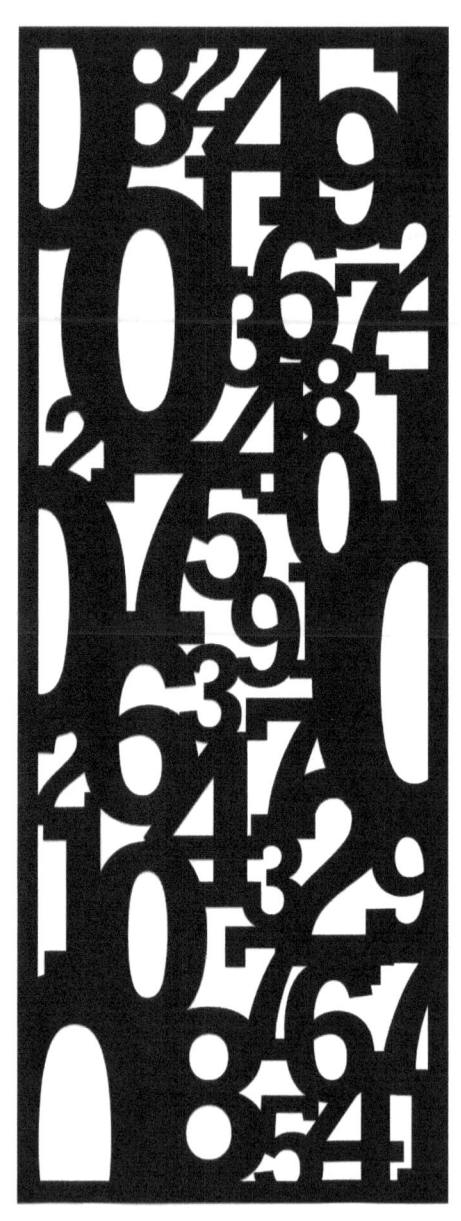

Acrílico sobre tabla. 39x15cm 2014

22

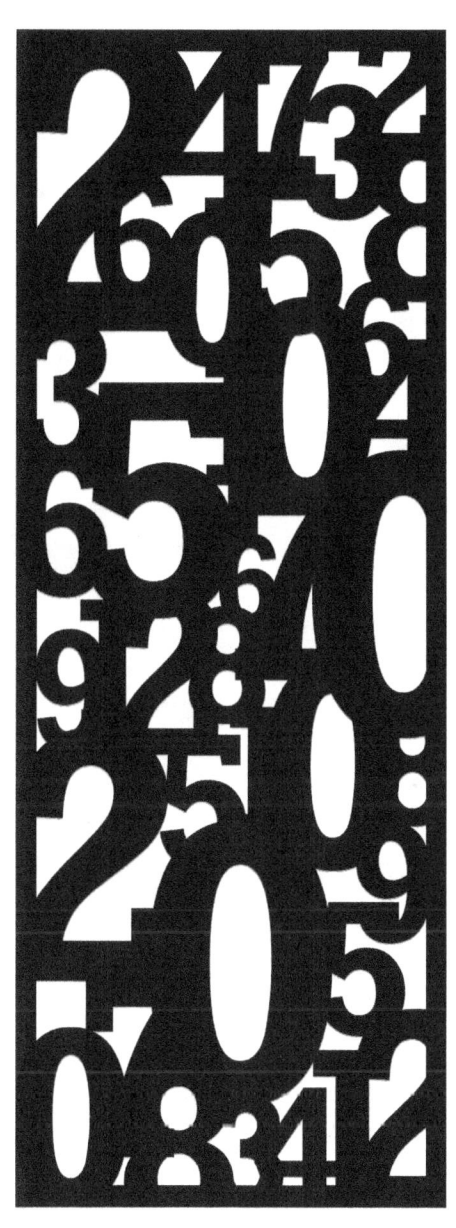

Acrílico sobre tabla. 39x15cm 2014

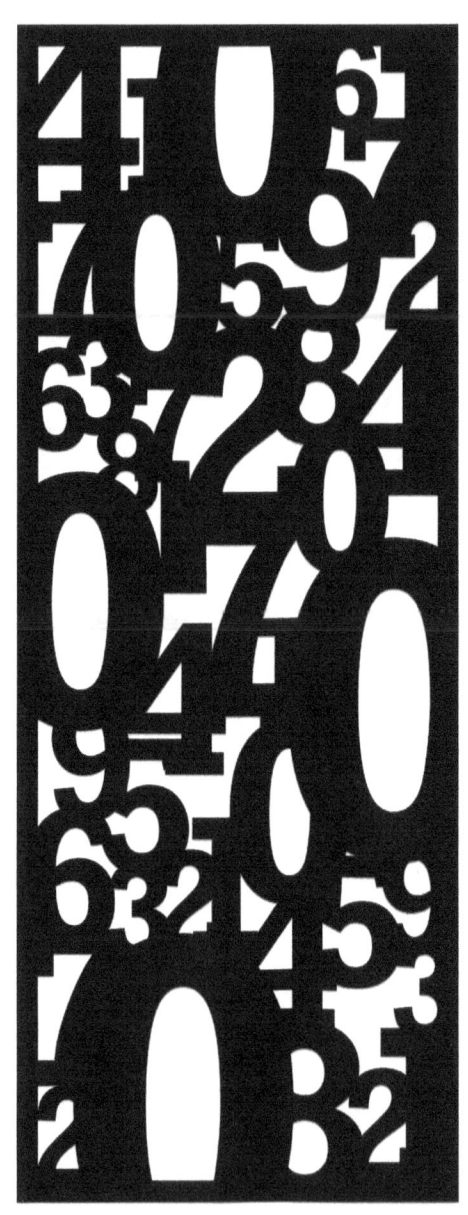

Acrílico sobre tabla. 39x15cm 2014

24

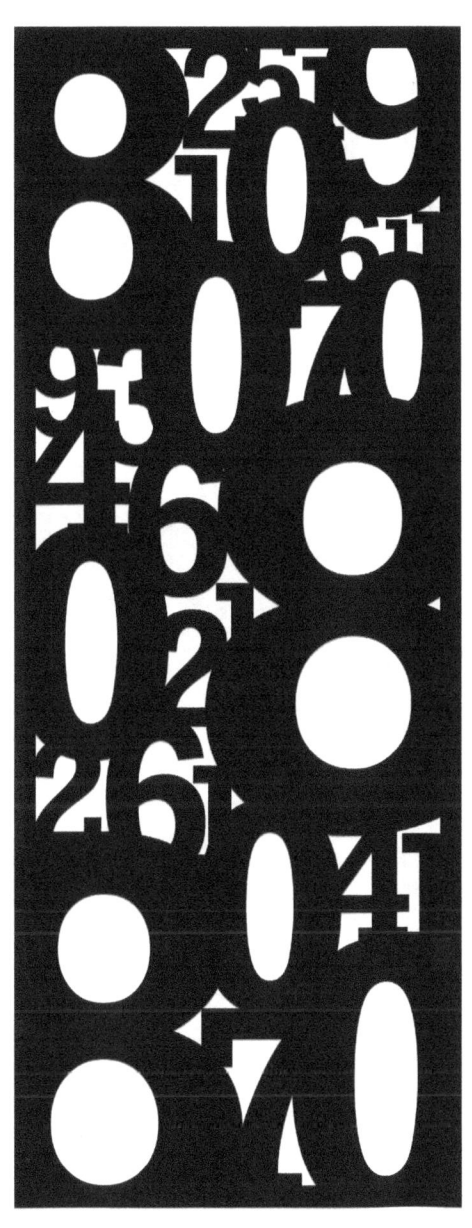

Acrílico sobre tabla. 39x15cm 2014

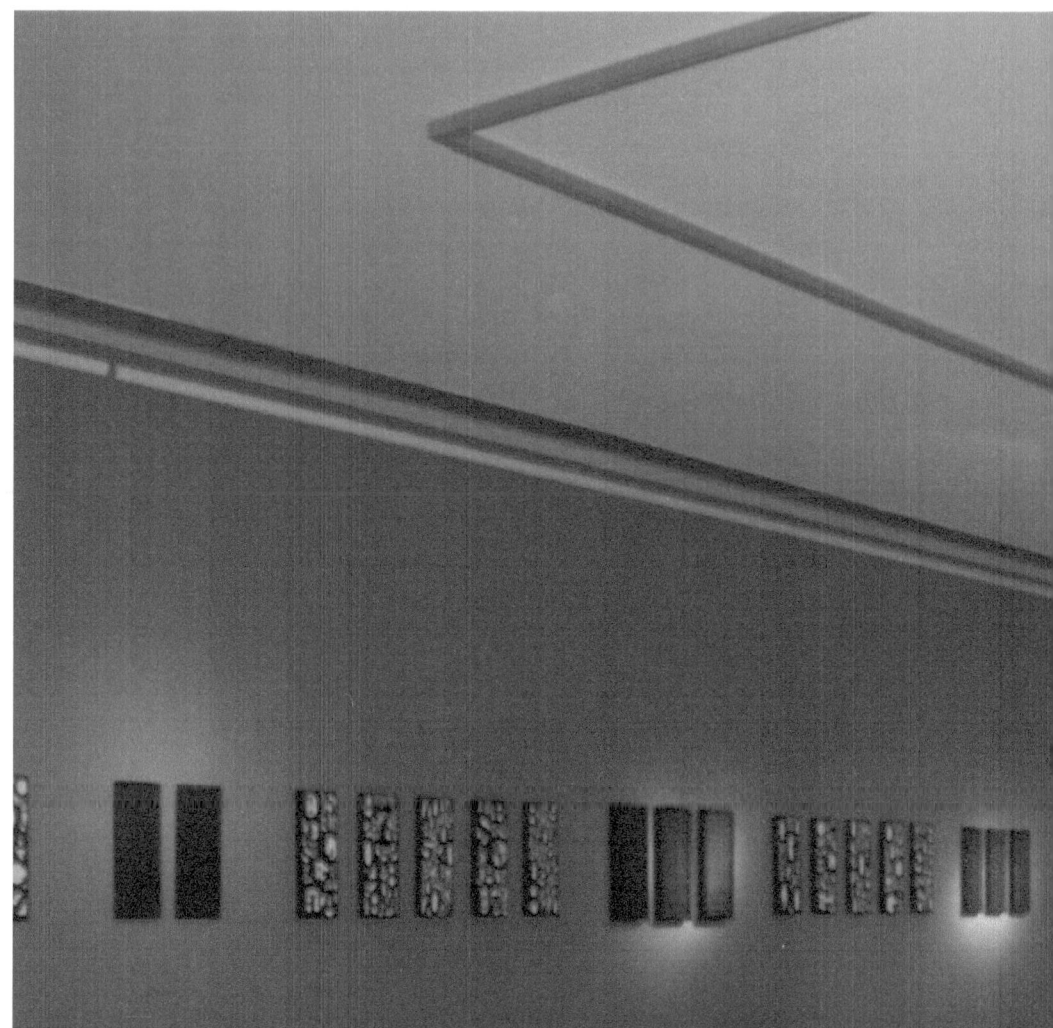
Alfanumerics en el Espai d'Art Arpella
de Muro de Alcoy

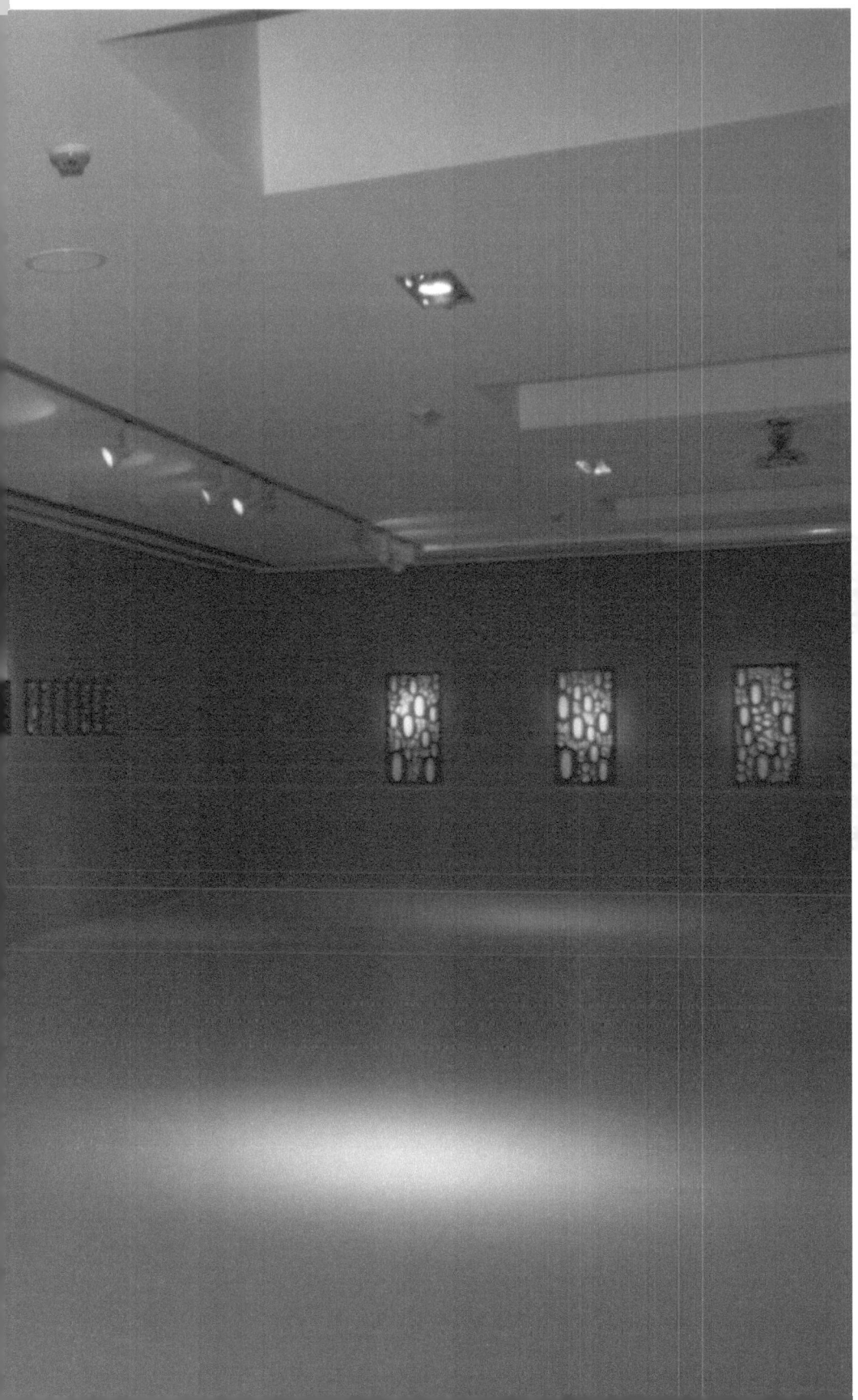

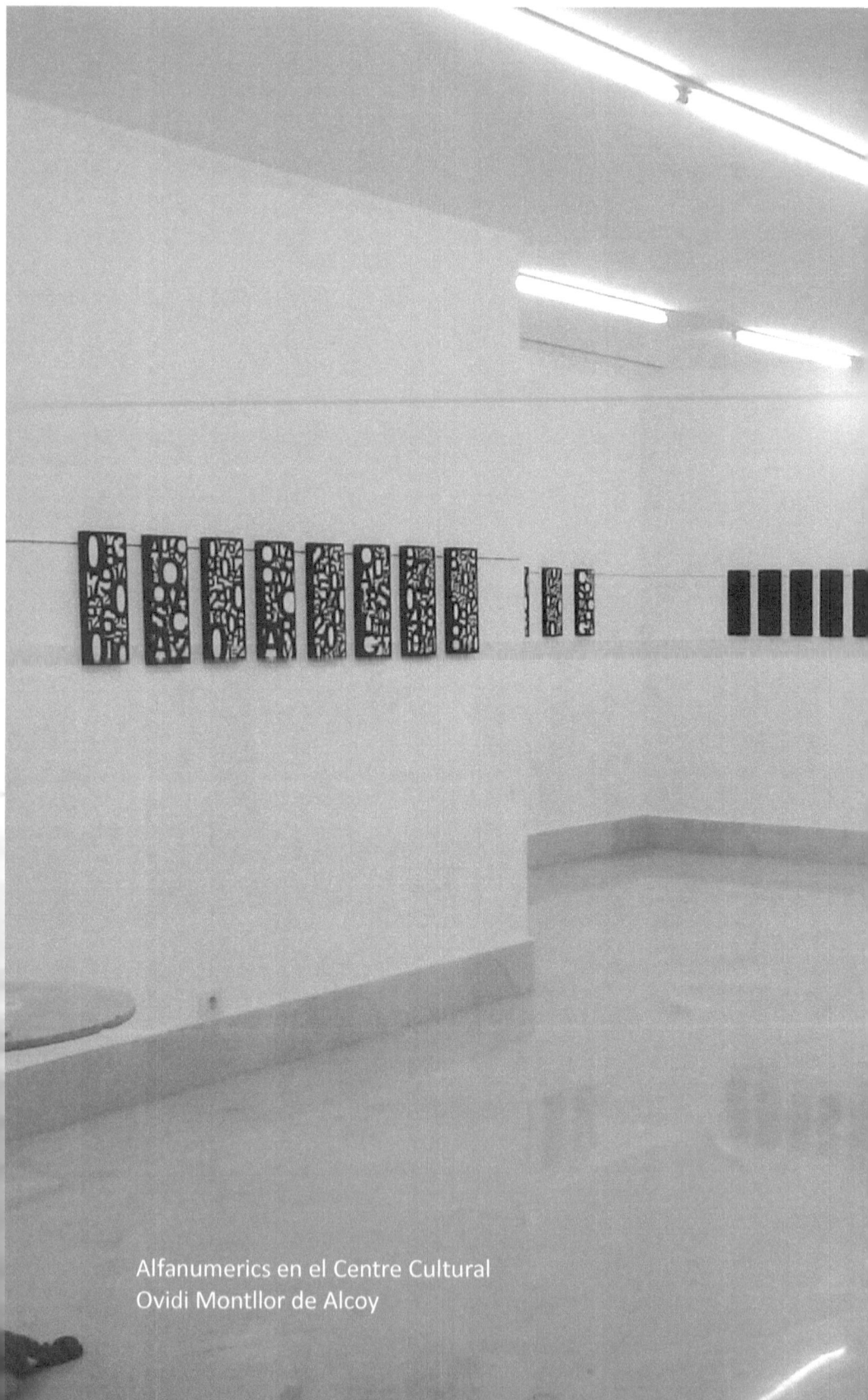

Alfanumerics en el Centre Cultural
Ovidi Montllor de Alcoy

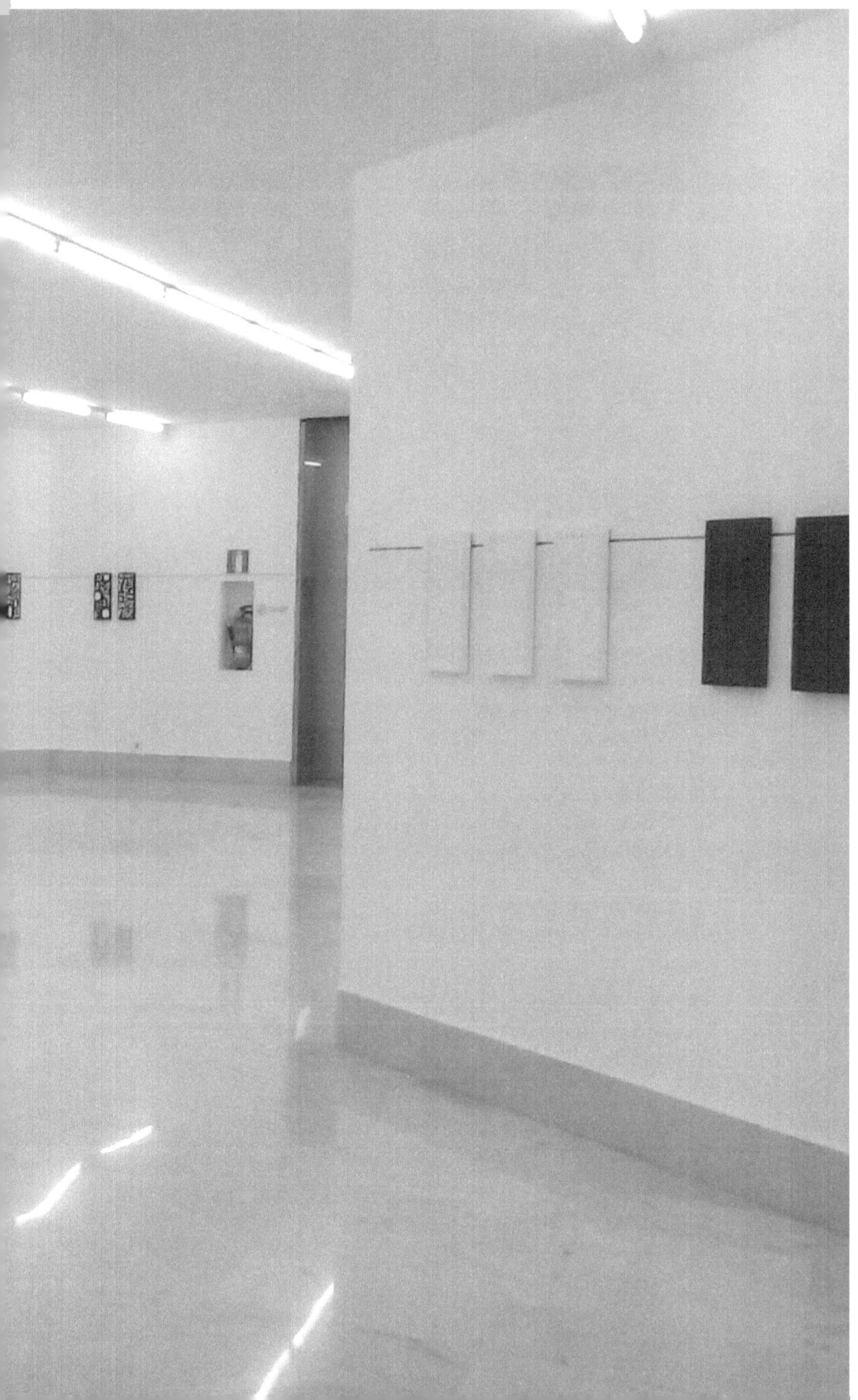

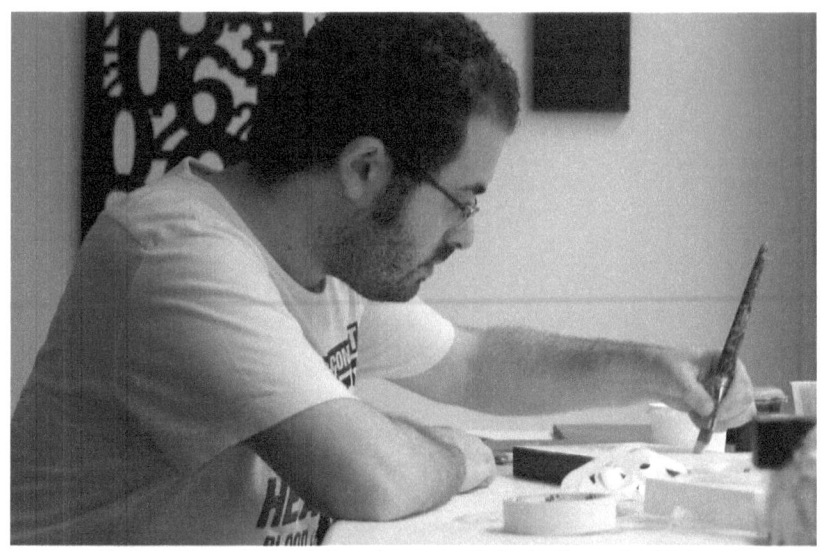

Rubén Fresneda pintando en la Galería Espacio. Valencia 2014

Rubén Fresneda Romera (Alcoy, 1988)
rubfrero@hotmail.com
www.rfresneda.wordpress.com
tel. 627832741

Formación académica
2011. Licenciado en Bellas Artes por la Universidad Politécnica de Valencia.

Formación complementaria
2015. Art i societat. Obra i gest d'Antoni Miró. Universidad de Alicante.

2009. La mesa redonda *abstraccions*. Departamento de pintura, Facultad de Bellas Artes de San Carlos, Universidad Politécnica de Valencia (UPV).

· Seminario *Fotografía, figura e imagen. La experiencia de los cuatro temperamentos*. Departamento de pintura, Facultad de Bellas Artes de San Carlos, UPV.

2008. Conferencias sobre la arquitectura y De Chirico. Instituto de Ciencias de la Educación, UPV.

· II Jornadas de diseño. La rebelión de los objetos: Paco Bascuñán e Isidro Ferrer. Departamento de dibujo, Facultad de Bellas Artes de San Carlos, UPV.

· III Seminario *La voz en la mirada*. Departamento de pintura, Facultad de Bellas Artes de San Carlos, UPV.

2007. II Seminario *La voz en la mirada*. Departamento de Pintura, Facultad de Bellas Artes de San Carlos, UPV.

Próximas exposiciones
2016. Alfanumerics. Societat Coral El Micalet, Valencia.

Exposiciones individuales
2015. Alfanumerics. Centro de Juventud Campoamor, Concejalía de Juventud del Ayuntamiento de Valencia.

2014. Alfanumèrics. Espai d'Art Arpella, Concejalía de Cultura del Ayuntamiento de Muro de Alcoy.

· Alfanumèrics. Centre Cultural Ovidi Montllor, Alcoy.

· Alfanumerics. Galería Espacio, Valencia.

2013. Gradaciones de lo cotidiano (The End). Centre Cívic Antic Sanatori, Concejalía de Cultura de Sagunto.

· Gradaciones de lo cotidiano 2. Ateneo Mercantil de Valencia.

· Painting&flavour (Selection). Sala Matisse, Valencia.

· Painting&flavour. Librería-café Chico Ostra, Valencia.

2012. Daily Colours. Seguros La Unión Alcoyana, Alcoy.

· Natural things. Escuela Politécnica Superior, Campus de Alcoy, UPV.

· Frequent colours. Escuela Técnica Superior de Ingeniería Informática, Campus de Vera, UPV.

2011. Colors i sabors. Art-Té, Alcoy.

· Gradaciones de lo cotidiano. Centro de Juventud Campoamor, Valencia.

· Simbolismos fálicos. Café de la Seu, Valencia.

Exposiciones colectivas

2015. Art jove alcoià. Generació XXI (Homenatge a Ovidi Montllor). Itinerante:

Centro Cultural Ovidi Montllor, Alcoy.
Casal Jaume I, Elche.
Fundació Casal Jaume I, Gandia.
Comisiones Obreras, Valencia.
Sala Altabix, Universidad Miguel Hernández, Elche.
Espai d'Art Arpella, Muro de Alcoy.
Club d'Amics de la Unesco, Alcoy.
Museo de la Universidad de Alicante.

2013. XIII Mostra d'Art d'Ací. Espai d'Art Arpella, Concejalía de Cultura del Ayuntamiento de Muro de Alcoy.

· Change Art. Parking Gallery, Alicante.

2012. El rostro, el otro. Palau de la Música, Valencia.

2011. De la Malvarrosa al papel. Biblioteca María Moliner, Concejalía de Cultura del Ayuntamiento de Valencia.

· Papers sonors. Biblioteca María Moliner, Concejalía de Cultura del Ayuntamiento de Valencia.

· Frente a la nueva realidad del VIH/SIDA, rompe tus prejuicios. Itinerante: Valencia, Mislata, Sagunto.

· Duchamp is here. Centre Cultural Mario Silvestre, Concejalía de Cultura del Ayuntamiento de Alcoy.

· Artificial, naturalmente. Biblioteca Nova Al-Russafí, Concejalía de Cultura del Ayuntamiento de Valencia.

2010. Pintura y medios de masas. Biblioteca Eduard Escalante, Concejalía de Cultura del Ayuntamiento de Valencia.

· New Art Only. Centre Cultural Mario Silvestre, Concejalía de Cultura del Ayuntamiento de Alcoy.

2008. Ante el VIH, tu actitud marca la diferencia. Biblioteca Nova Al-Russafí, Concejalía de Cultura del Ayuntamiento de Valencia.

Libros
2013. Pintura, cuestiones y recursos. Rubén Fresneda. Ensayos[74], Ediciones[74]. ISBN: 978-1484146378

· Bienvenidos al paraíso. Rubén Fresneda. Narrativa[74], Ediciones[74]. ISBN: 978-1493737215

2011. Toc-toc. Edita Departamento de dibujo, Facultad de Bellas Artes de San Carlos, UPV. DL V-1985-2011

Radio/Televisión
2014

· 30/09/2014. Hora 14. Radio Alcoy Cadena Ser.

· 29/09/2014. Hora 14. Radio Alcoy Cadena Ser.

· 26/09/2014. Informativos mediodía. Cope Alcoy.

2013

· 27/05/2013. Informativo matinal. Telecinco, David Torres y Antonio Martínez.

· 05/03/2013. Entrevista en Hoy por Hoy Alcoy. Radio Alcoy Cadena Ser.

2012

· 20/11/2012. Informativos TV-A. Televisión de Alcoy.

· 20/09/2012. Entrevista en Hoy por Hoy Alcoy. Radio Alcoy Cadena Ser.

· 08/06/2012. Informativos mediodía. Cope Alcoy.

· 08/06/2012. Informativo matinal. Cope Alcoy.

· 08/06/2012. Entrevista en Informativos TV-A. Televisión de Alcoy.

Revistas
2014

· 14/06/2014. Alfanumerics: cuando los números hablan. Entretanto Magazine. Marta Rosella Gisbert Doménech.

· 12/06/2014. La exposición Alfanumerics, de Rubén Fresneda, cuerpo a cuerpo con el público. Entretanto magazine. Marta Rosella Gisbert Doménech.

· 08/06/2014. Alfanumerics: cuando los números hablan. Tipografía la moderna. Marta Rosella Gisbert Doménech.

· 01/06/2014. Agenda. Agenda Urbana.

· 02/05/2014. Simbolismos fálicos por Rubén Fresneda. Nos gustas Magazine LGTB.

· 08/02/2014. Simbolismos fálicos por Rubén Fresneda. D7Colores Magazine LGTB.

2013

· 01/05/2013. Exposiciones. Agenda Urbana.

· 01/03/2013. Gradaciones de lo cotidiano 2, de Rubén Fresneda. Revista del Ateneo Mercantil.

· 01/03/2013. Exposiciones. Agenda Urbana.

· 07/02/2013. Exposicions València. Tres mostres de Rubén Fresneda a València. Bonart, revista d'Art en Català.

· 01/02/2013. Exposiciones. Agenda Urbana.

2012

· 13/09/2012. Exposicions Alcoi. Daily Colours de Rubén Fresneda a Unió Alcoiana. Bonart, revista d'Art en Català.

· 06/06/2012. Exposicions Alcoi. Natural Things de Rubén Fresneda a EPSA. Bonart, revista d'Art en Català.

· 20/02/2012. Exposicions València. Oberta la mostra de Rubén Fresneda. Bonart, revista d'Art en Català.

2011

· 21/11/2011. Alcoi: El CDAVC interessat per la trajectòria de Rubén Fresneda. Bonart, revista d'Art en Català.

· 26/10/2011. Alcoi: Rubén Fresneda inaugura a la teteria Art-Té. Bonart, revista d'Art en Català.

Prensa
2014

· 08/12/2014. Rubén Fresneda inaugura Alfanumèrics a l'Espai d'Art Arpella. Diari La Veu del País Valencià.

· 06/12/2014. Rubén Fresneda inaugura Alfanumèrics a l'Espai d'Art Arpella. Diari Les Muntanyes.

• 04/12/2014. Rubén Fresneda inaugura Alfanumèrics a l'Espai d'Art Arpella. Pàgina66.

• 04/12/2014. Rubén Fresneda inaugura Alfanumèrics en el Espai d'Art Arpella. El periodic.

• 02/12/2014. Rubén Fresneda inaugura exposición en Muro. Periódico El Nostre.

• 30/09/2014. Maratón por las artes plásticas. Periódico El Nostre, Marta Rosella Gisbert Doménech.

• 30/09/2014. Fresneda, Merchán y Masanet estrenan un nuevo ciclo de exposiciones en Alcoy. Radio Alcoy Cadena Ser.

• 29/09/2014. El grafisme creatiu de Rubén Fresneda. Diari Les Muntanyes.

• 26/09/2014. Les exposicions de Merchán, Fresneda, Masanet i 100 artistes solidaris omplin els pròxims dos mesos les sales d'Alcoi. Aramultimèdia.

• 26/09/2014. Fresneda, Merchán y Masanet, en el nuevo ciclo de exposiciones. Pàgina66.

• 11/06/2014. El alcoyano Rubén Fresneda expone en Valencia. Diario Información. Marta Rosella Gisbert Doménech.

• 10/06/2014. Alfanumerics. Quan les xifres parlen. Aramultimèdia.

• 07/06/2014. Fresneda expone en Valencia. Periódico El Nostre. Marta Rosella Gisbert Doménech.

• 06/06/2014. Alfanumèrics de Rubén Fresneda a la Galeria Espacio, València. Diari La Veu del País Valencià.

• 05/06/2014. L'exposició itinerant del pintor alcoià Rubén Fresneda, Alfanumèrics, confirma tres dates a València. Aramultimèdia, Marta Rosella Gisbert Doménech.

2013

• 08/10/2013. Exposiciones de Rubén Fresneda en el puerto de Sagunto y Muro. Periódico El Nostre.

• 02/10/2013. Rubén Fresneda en Sagunto. Pàgina66.

• 27/09/2013. El pintor Rubén Fresneda expone su obra "Gradaciones de lo cotidiano". El periodic.

· 27/09/2013. El pintor Rubén Fresneda expone en el Centro Cívico de Sagunto su obra " Gradaciones de lo cotidiano". El periódico de aquí.

· 26/09/2013. Esta tarde se inaugura en el Centro Cívico la exposición "Gradaciones de lo cotidiano (The End)". Diario El Económico.

· 26/09/2013. Rubén Fresneda presenta hoy en el Port su exposición "Gradaciones de lo cotidiano. Diario Levante.

· 07/06/2013. 25 artistas eligen entre 500 propuestas. Diario Información. África Prado.

· 02/05/2013. Agenda. Diario Levante.

· 01/05/2013. Rubén Fresneda expone Gradaciones de lo cotidiano 2 en el Ateneo Mercantil. El Periodic.

· 30/04/2013. Rubén Fresneda estarà present a València. Pàgina66.

· 30/04/2013. La obra de Fresneda, en el Ateneu Mercantil. Periódico Ciudad de Alcoy.

· 07/02/2013. El pintor alcoyano, Rubén Fresneda presenta en febrero la primera de tres exposiciones individuales en Valencia. El periódico de aquí.

2012

· 22/09/2012. Daily Colours de Rubén Fresneda en la Unión Alcoyana. Periódico Ciudad de Alcoy.

· 19/09/2012. Colorit amb Rubén Fresneda. Pàgina66. Jorge Cloquell.

· 18/09/2012. Rubén Fresneda inaugura la exposición Daily Colours en la Unión Alcoyana.Periódico Ciudad de Alcoy.

· 15/09/2012. El Daily Colours de Rubén Fresneda a Alcoi. Pàgina66.

· 19/06/2012. Últimos días de la exposición de Rubén Fresneda. Periódico Ciudad de Alcoy.

· 15/06/2012. Natural things o com menjar-se un quadre abstracte. Aramultimèdia. Marta Rosella Gisbert Doménech.

· 07/06/2012. Fresneda y la fuerza del color. Periódico Ciudad de Alcoy.

· 06/06/2012. Rubén Fresneda exposa en la EPSA. Pàgina66.

· 07/02/2012. Rubén Fresneda presenta a València Frequent Colours. Pàgina66. Jorge Cloquell.

2011

· 22/11/2011. CDAVC s'ha interessat per Rubén Fresneda. Pàgina66.

· 04/11/2011. Colors i Sabors. Pàgina66. Jorge Cloquell.

· 28/10/2011. Agenda. Diario Levante.

· 27/10/2011. Rubén Fresneda y las gradaciones de lo cotidiano en el Centro de Juventud Campoamor de Valencia. Diario Globedia. Javier Mesa Reig.

· 14/10/2011. Agenda. Diario Levante.

· 13/10/2011. El alcoyano Rubén Fresneda expone en Valencia. Diario Información.

· 13/10/2011. Agenda. Diario Levante.

· 11/10/2011. Rubén Fresneda inaugura a València. Pàgina66, Ramón Requena.

· 10/10/2011. La sala de exposiciones de Campoamor acoge una nueva exposición. El periodic.

· 23/09/2011. Agenda. Diario Levante.

· 03/09/2011. Agenda. Diario Levante.

· 20/03/2011. Mundos plásticos. Periódico Ciudad de Alcoy. J. Seguí

· 05/03/2011. Suma de propuestas creativas. Periódico Ciudad de Alcoy. J. Seguí.

· 04/03/2011. Exposició i performance en el Centre Cultural. Pàgina66.

· 03/03/2011. Performance i avantguarda sorprenen al Centre Cultural. Aramultimèdia.

· 03/03/2011. Exposición con performance inaugural en el centre cultural. Periódico Ciudad de Alcoy.

· 27/02/2011. Cantidad de música y teatro. Periódico Ciudad de Alcoy. J. Seguí.

• 13/02/2011. La escenografía y las artes plásticas. Periódico Ciudad de Alcoy. J. Seguí.

• 30/01/2011. Noticias del teatro. Periódico Ciudad de Alcoy. J. Seguí.

2010

• 12/12/2010. Todo es música. Periódico Ciudad de Alcoy. J.Seguí.

• 05/12/2010. Tiempos modernos. Periódico Ciudad de Alcoy. J. Seguí.

• 04/12/2010. Arte sin fronteras en el Centre Cultural. Periódico Ciudad de Alcoy. Ximo Llorens.

• 01/12/2010. Exposición de arte internacional y loca. Pàgina66. Rafa Cerdá.

• 30/11/2010. Inauguran una muestra de vanguardia internacional. Periódico Ciudad de Alcoy. Ximo Llorens.

• 28/11/2010. Teatre Calderón: Espectacular. Periódico Ciudad de Alcoy. J. Seguí.

• 21/11/2010. Final de año plástico. Periódico Ciudad de Alcoy. J. Seguí.

• 31/10/2010. Arte en el purgatorio. Periódico Ciudad de Alcoy. J. Seguí.

• 10/10/2010. Trabajo de artistas. Periódico Ciudad de Alcoy. J. Seguí.

• 08/10/2010. Arte que va, arte que viene. Periódico Ciudad de Alcoy. J. Seguí.

Obra en colecciones

Autorretrato
Acrílico sobre tabla. 100x50cm 2013. Colección Ayuntamiento de Muro de Alcoy.

Mauro Colomina Soler
Acrílico sobre tabla. 39x15cm 2013. Colección Mauro Colomina Soler, Alcoy.

Marta Rosella Gisbert Doménech
Acrílico sobre tabla. 39x15cm 2014. Colección Marta Rosella Gisbert Doménech, Alcoy.

Sense títol
Pintura vinílica sobre tabla. 29x21cm 2009. Colección Tomás Benet Ballester, Puerto de Sagunto.

El fruit del pecat
Óleo sobre lienzo. 29x21cm 2009. Colección Tomás Benet Ballester, Puerto de Sagunto.

Rafael Antonio Gordillo Santos.
Acrílico sobre tabla. 39x15cm 2014. Colección Rafa Gordillo, Alcoy.

Rafael Antonio Gordillo Santos
Acrílico sobre tabla. 39x15cm 2013. Colección Rafa Gordillo, Alcoy.

David II
Acrílico sobre lienzo. 60x50cm 2008. Colección Iris Verdejo, Ibi.

Dia de platja
Óleo sobre lienzo. 100x40cm 2011. Colección Iris Verdejo, Ibi.

Sense títol (amb l'aigua fins al coll)
Óleo sobre lienzo. 100x40cm 2011. Colección Iris Verdejo, Ibi.

Albergínia
Óleo sobre lienzo. 100x40cm 2011. Colección Iris Verdejo Mañogil, Ibi.

Les hores de la nit o Negra nit
Óleo sobre lienzo. 100x40cm 2011. Colección Juan Castellanos Campos, Ibi.

Les hores de la nit o Cau la nit I
Óleo sobre lienzo. 100x40cm 2011. Colección Juan Castellanos Campos, Ibi.

Flam
Óleo sobre lienzo. 100x40cm 2011. Colección Juan Castellanos Campos, Ibi.

Carles Vilaverde Bargues
Acrílico sobre tabla. 39x15cm 2013. Colección Carles Vilaverde Bargues, Valencia.

María Benet Ballester
Acrílico sobre tabla. 39x15cm 2014. Colección María Benet Ballester, Benetússer.

Les coses de l'èsser humà I
Collage sobre papel. 29.7x21cm 2011. Colección de Arte Contemporáneo Visible, Madrid.

Les coses de l'èsser humà II
Collage sobre papel. 29.7x21cm 2011. Colección de Arte Contemporáneo Visible, Madrid.

Autorretrat
Acrílico sobre tabla. 120x60cm 2013. Colección Diego Martínez, Benidorm.

La nit en rosa
Óleo sobre lienzo. 100x40cm 2012. Colección Ateneo Mercantil de Valencia.

Café bombón
Óleo sobre lienzo. 100x40cm 2010. Colección Tomás Benet Ballester, Puerto de Sagunto.

Vi negre
Óleo sobre lienzo. 100x40cm 2011. Colección Carles Vilaverde Bargues, Valencia.

Meló d'alger
Óleo sobre lienzo. 100x40cm 2010. Colección Sala Matisse, Valencia.

Marina Guijarro Campello
Acrílico sobre tabla. 39x15cm 2013. Colección Marina Guijarro Campello, Alicante.

Santos López Real
Acrílico sobre tabla. 39x15 cm 2013. Colección Santos López Real, Madrid.

Cau la nit II
Óleo sobre lienzo. 100x40cm 2011. Colección Kim Coleman-Cooper, Alcoy.

María José Pallarés Maiques
Acrílico sobre tabla. 39x15cm 2012. Colección Majo Pallarés, Alcoy.

Tomás Benet Ballester
Acrílico sobre tabla. 39x15 cm 2011. Colección Tomás Benet Ballester, Puerto de Sagunto.

Montserrat Pastor Arroyo
Acrílico sobre tabla. 39x15cm 2011. Colección Montserrat Pastor Arroyo, Alcoy.

Juan Castellanos Campos
Acrílico sobre tabla. 39x15cm 2011. Colección Juan Castellanos Campos, Ibi.

Jesús Muñoz Leirana
Acrílico sobre tabla. 39x15cm 2011. Colección Jesús Muñoz Leirana, Alcoy.

Iris Verdejo Mañogil
Acrílico sobre tabla. 39x15cm 2011. Colección Iris Verdejo, Ibi.

Iris Gutiérrez Company
Acrílico sobre tabla. 39x15cm 2011. Colección Iris Gutiérrez Company, Acoy.

Gegant nuet xafant la Catedral i l'Ajuntament de València
Colección José María Segura, Valencia.

Big banana's cowboy
Collage sobre papel. 50x70cm 2011. Colección Tomás Benet Ballester, Puerto de Sagunto.

Banana's cowboy
Collage sobre papel. 30x20cm 2011. Colección Arturo Vallés Bea, Valencia.

Retrat de Juan Castellanos Campos
Grafito sobre papel. 42x29.7cm 2007. Colección Juan Castellanos Campos, Ibi.

Retrat de Jesús Muñoz Leirana
Óleo sobre lienzo. 92x73cm 2011. Colección Jesús Muñoz Leirana, Alcoy.

Retrat d'Iris Gutiérrez Company
Óleo sobre lienzo. 92x73cm 2011. Colección Iris Gutiérrez Company, Alcoy.

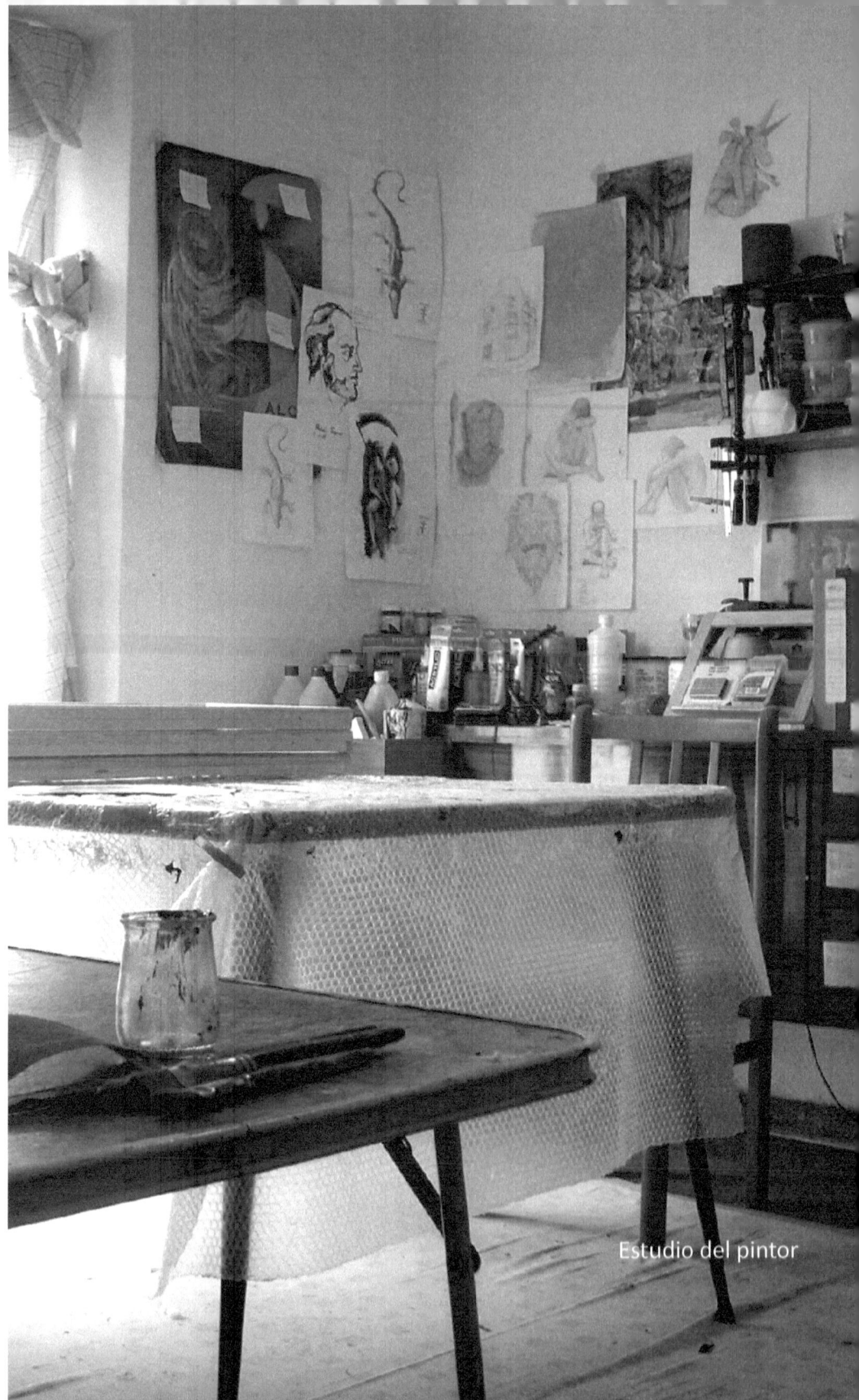

Estudio del pintor

www.ingramcontent.com/pod-product-compliance
Lightning Source LLC
Chambersburg PA
CBHW021446170526
45164CB00001B/416